SOUVENIRS

Sur la Glacerie de Tourlaville.

POEME

HISTORI-COMIQUE,

En 4 Chants et en vers,

Par Michel Le Goupil.

CHERBOURG.
Imprimerie de A. LECAUF, rue des Corderies, 27.
1852.

(C.)

SOUVENIRS
SUR LA GLACERIE

DE TOURLAVILLE.

1er CHANT.

Puisque le temps, dans sa marche constante,
Va moissonnant avec sa faulx tranchante,
Les monuments, les générations,
Les grands États, efforts des nations ;
Puisque Caron fait passer dans sa barque
L'adolescent ainsi que le barbon,
Et le berger à côté du monarque,
Et qu'après eux, s'il reste encore un nom,
C'est que quelqu'un a pris soin dans l'histoire
De le transmettre à la postérité.
Que de talents, de vertus et de gloire.

Seraient perdus sans cette faculté !
Profitons-en pour laisser en mémoire
Les faits suivants tels qu'ils ont existé.
  On m'avait dit que de la Glacerie
Le beau domaine allait être vendu ;
Au jour fixé, là je m'étais rendu,
Voulant encore une fois dans ma vie,
Voir ces côteaux si touffus au printemps,
Ce beau vallon, ces établissements,
Où s'exerçait une heureuse industrie,
Si profitable à tous les habitants.
Dans un travail actif et sans relâche,
Exactement payé deux fois par mois,
Ces ouvriers savaient remplir leur tâche.
Le vrai bonheur habitait sous leurs toits.
Mais la fortune est partout si changeante !
La Glacerie, autrefois si brillante,
Par sa gaîté, son luxe du bon ton,
Par son beau sexe, au type d'élégance,
Par ses verriers, fiers jusqu'à l'arrogance,
N'offre aujourd'hui qu'un aspect d'abandon.
On n'y voit plus l'atelier de Guesdon
Utiliser le mortier, la truelle ;
Louis Lamarre, avec ses charpentiers,
N'y dresse plus de toîts en madriers,
Et les couvreurs, Vicaire et Larochelle,
A découvert laissent les ateliers,
Qui, pour toujours, sont déserts d'ouvriers.

La halle aussi, sous sa double toiture,
N'abrite plus, nuds jusqu'à la ceinture,
Ces noirs verriers, qui dans leurs durs travaux,
Près des brasiers, des fours et des fourneaux,
Vitrifiaient à leur gré la matière,
La transformaient, du vent de leurs poumons,
Au bout d'un tube, en un globe de verre,
Qu'ils travaillaient ensuite en cent façons :
  On n'y voit plus ces files de charrettes,
Qui transportaient les arbres en tronçons,
Que, dans la cour, les bras des bûcherons
Changeaient bientôt en grands tas de bûchettes,
Qui de la halle alimentaient les fours,
Grands destructeurs des bois des alentours.
  Seigneurs de Brix, dont la haute puissance
Faisait partout sentir son influence,
Vous, qui faisiez jetter dans un donjon,
Un braconnier, pour la mort d'un pigeon,
Montrez-nous donc cette forêt immense
Sous votre nom si reputée en France !
Qui de Cherbourg bordait le littoral,
Allait s'étendre aux bords de Négréville,
Et limitait Saint-Jouvin, Tamerville,
Le Pont-Cosnard et Lemesnil-Auval. (*)
Rien ne résiste à la puissance humaine.

(*) La forêt de Brix avait 16 kilomètres de longueur et 8 de largeur.

Sans respecter le pouvoir féodal,
La Glacerie, entrant dans ce domaine,
La hache en main, en destructeur brutal,
A fait tomber vos chênes séculaires,
Qui sur les monts étouffaient les bruyères ;
Vos grands taillis qui comblaient les vallons,
Pour décorer, de glaces, les salons.
Mais elle aussi va bientôt disparaître !
Depuis longtemps ses fourneaux et ses fours
Ont vu leurs feux s'éteindre pour toujours.
Tout va changer de nature et de maître.
De tous côtés je vois déjà paraître
Force marchands, rentiers, cultivateurs,
Fripiers, gens d'art, tous ces spéculateurs.
Viennent pour faire une bonne capture
Sur les débris de la manufacture,
Et ses terrains dépendant de son droit.
Alors Mauger, notaire de l'endroit,
Homme exercé, de probité notoire,
De son gousset tire son écritoire
Et fait à tous prêter attention,
Leur expliquant la composition,
L'abornement, le nom, la contenance,
Les droits actifs ou toute redevance
De chaque objet d'adjudication.
  On met à prix, on relance, on s'anime,
Dix mille francs sont tout comme un centime.
A Langouland, Dumoncel, Mondésir,

Sont adjugés bois, champs, moulins, prairies,
Maisons, jardins, dignes d'un Grand-Visir,
Halles, hangars, ateliers, écuries,
Tout le faubourg logeant les ouvriers.
Restait encore à vendre la chapelle,
Pour faire un lot, on mettait avec elle
Quelques maisons, un verger à pommiers.
Bah! disait-on, acheter une église,
Qu'en ferions-nous après l'avoir acquise?
Elle n'a pas le plus chétif obit,
Pas un seul saint, du plus moindre crédit;
A qui l'on pût faire un pèlerinage;
La démolir serait pourtant dommage!
Le chapelain a des écus sonnants,
De l'acquérir laissons-lui l'avantage,
Afin qu'il puisse avoir, de ce village,
Fait quelque chose utile aux habitants.
Mais c'était là prendre trop les devants,
Le chapelain était un vieil avare,
Riche, dit-on, de deux cent mille francs,
Qui craignait moins le séjour du Ténare
Que d'entamer d'un seul sou son magot.
A Lemagnen l'on adjuge ce lot,
Et par ce fait, la vente étant finie (*)
Dans le salon la table fut servie,
Il s'y trouva nombreuse compagnie.

(*) Cette vente a eu lieu en 1834.

Brigenêtière eut la place d'honneur,
Homme d'esprit, bientôt octogénaire,
De ce domaine il était régisseur,
Et Tourlaville aussi l'avait pour maire.
Il savait tout et ne pouvait se taire.
Il engagea la conversation
Sur ce qu'était jadis la Glacerie
Aux jours heureux où fut cette industrie ;
Puis, remontant à la fondation,
« Sachez, dit-il, dans sa narration,
Que deux enfants, accourus de Venise,
Ont tout l'honneur d'une telle entreprise.
C'est dans Paris qu'ils firent leurs essais ;
Le roi, charmé de leurs premiers succès,
D'un si bel art voulant doter la France,
Et lui donner une haute importance,
Associa, pour la direction,
Princes, seigneurs, d'une richesse immense,
Qui s'honoraient d'y prendre une action.
Ce fut ici, pour l'exploitation,
Qu'on se fixa. Ce vallon sans culture,
Etait alors dans l'état de nature :
Un sol désert, des rochers, des halliers,
Des bois épais, de dangereux sentiers.
Le voyageur y craignait pour sa bourse,
Le Trottebec, s'y hâtant dans sa course,
Semblait s'enfuir d'un lieu rempli d'ennui ;
Mais tout bientôt prit une autre figure,

Ainsi qu'on peut s'en convaincre aujourd'hui ; (*)
Quand sur les plans d'une manufacture
On eut bâti ce grand mur de clôture,
Ces beaux hangars, ces vastes magasins,
Les fours, la halle et sa double toiture ;
Sur la rivière installé ces moulins,
Pour l'ouvrier ces maisons, ces jardins,
Et le chauffage à toute la famille,
Lorsqu'on était issu de Tourlaville.

Bientôt ce lieu fut rempli d'habitants,
Les ateliers formés en même temps,
Des régisseurs surpassèrent l'attente ;
Un feu d'enfer, attisé nuit et jour,
Changea le sable en glace transparente
Que l'ouvrier sut polir à son tour ;
Puis le douci la rendit plus luisante.
Ce travail fait par trois cents ouvriers
Entretenait toujours un nombre immense
De bûcherons, fagoteurs, charretiers,
Maçons, couvreurs, forgerons, charpentiers,
Qui tous vivaient au sein de l'abondance.
De plus en plus l'administration,
Aux habitants voulant être propice,
D'une chapelle obtint l'érection,
Où le dimanche on célébrait l'office.
Un tripot, là, vint bientôt s'installer,

(*) L'établissement de la Glacerie de Tourlaville eut lieu en 1666.

Et les marchands y venaient étaler
Lard et mouton, veau, jambons et volaille ;
Partout l'argent roulait comme la paille ;
Les cabarets étaient pleins de verriers,
On les plaçait à table des premiers,
C'était à qui ferait leur connaissance,
On s'honorait, aux meilleures maisons,
De contracter avec eux alliance,
Ils épousaient, comme de concurrence,
Les plus beaux choix de tous les environs.

On ne parlait que des belles Verriennes,
Pour leur coiffure en rares Valenciennes,
Leurs mantelets en fin drap de Louvier,
Leur beau droguet, leurs fichus, leurs quadrilles,
En mérinos, en coton des Antilles,
Et fil de lin, tissus par Ollivier. (*)

Les plus fameux des verriers de mon âge,
Pour le talent, la force et le courage,
C'étaient Hazard, Michel Dupont, Buquet,
Bernard Goueslain, Lebarbenchon, Jennet,
Guillaume Eté, Richard Eté son frère,
Rouxel-Balsa, Cudeloup, Jean Guéret,
Richard Lebrun, Laforêt, Bimbin père,
Benoist, Bidou, Bourloure et Matignon,
Que l'on nommait les quatre fils Aymon.

(*) Ollivier Truffert, célèbre tisserand du village de la Venelle, à Tourlaville.

Ils n'allaient point, en gobelets d'argile,
Fêter Saint-Jean, patron de Tourlaville,
Chacun avait son gobelet d'argent,
Et c'eût été manquer à l'étiquette,
Que d'un manœuvre accepter la trinquette,
D'un verrier même eût-il été parent,
Ce qui causait de terribles batailles,
Où l'on voyait Richard Eté, souvent
Rossé par ceux qu'il traitait de canailles,
Sur le terrain laisser plus d'une dent.
   On se souvient de ces jours où la France,
Sur les débris de l'ancienne croyance,
Inaugura l'autel de la Raison ;
Ce fut ici comme une explosion.
Tous les verriers, enragés démocrates,
Juraient partout guerre aux aristocrates,
Et se moquant de ce qu'on en dira,
Ils les tondaient, au chant du Ça-ira.
Gare à celui qui marchait sans cocarde
Quand il passait devant leur corps-de-garde ;
Il se voyait poursuivi, colleté,
Pris aux cheveux et tondu d'un côté,
Chiquenaudé, s'il faisait la grimace,
Ce qu'il souffrait d'assez mauvaise grâce.
Ils n'épargnaient ni voisin, ni parent,
Et l'on a vu Pierrine-Saint-Laurent
Sur sa maîtresse exercer ses cisailles.
Un an après il faisaient le serment

Devant l'autel de s'aimer tendrement,
Et le curé bénit leurs épousailles.
Ainsi l'Amour bannit, par ses douceurs,
Les dissidents qui séparaient deux cœurs.
 La Glacerie offrait un sûr refuge
Au débiteur, au coupable transfuge ;
Jamais l'archer, l'huissier et ses recors
N'osaient y faire une prise de corps ;
Je me souviens encor qu'en mon enfance
Tous les verriers avaient la connaissance
Qu'un malheureux, son nom était Risbec,
S'étant enfui du bourg de Bricquebec,
Etait ici venu chercher asile.
Je puis encore vous faire le récit
De ses malheurs qu'il laissa par écrit.
Il était né d'assez bonne famille,
Sa femme était admirable en beauté,
Pure de mœurs, intègre en chasteté,
Assez d'esprit, mais de gaîté trop vive,
Sans défiance et même un peu naïve :
Ce caractère alarma son époux,
Qui par degrés devint sombre et jaloux.
Mille soupçons s'agitaient dans son âme,
Et chaque jour il voyait compromis
Quelque voisin, quelqu'un de ses amis
Qu'il croyait être un suborneur infâme ;
Sa femme était en butte à ses rigueurs,
Souvent l'éclat succédait aux reproches

Dont s'attristaient ses amis et ses proches.
Il revenait parfois de ses erreurs,
Sa femme alors devenait son idole,
D'être plus juste il lui donnait parole ;
Mais un seul mot, un regard innocent,
Le replongeaient dans son affreux tourment.
Il résolut, dans cette alternative,
De mettre fin à toute récidive ;
Il se servit d'un moyen usité
Par les maris, en telles circonstances.
Il prétexta qu'il devait à Coutances
Aller régler des droits de parenté ;
L'air dégagé de toute humeur jalouse,
En l'embrassant il quitte son épouse ;
Furtivement, il revient à minuit,
En profitant d'une secrète issue,
Dans sa maison doucement s'introduit.
Oh ! pour le coup, peut-il faire bévue
Quand son flambeau lui présente à la vue
Un habit d'homme, un homme dans son lit ?
Il va laver dans le sang cet outrage.
De son poignard, il frappe dans sa rage
L'homme endormi qui prend pour son rival ;
Il cherche en vain son épouse adultère
Qui doit aussi subir l'arrêt fatal ;
Elle n'est point dans le lit conjugal,
Un autre lit tient la fille et la mère.
Un cri plaintif a rompu leur sommeil.

Pour une femme, oh ! quel affreux réveil !
C'est son époux assassinant son père !
« Risbec, Risbec, dit-elle, qu'as-tu fait ?
Quoi ! sous tes coups ton père ici succombe !
De nous revoir il s'était satisfait
Et c'est ta main qui lui creuse sa tombe !
Ah ! c'en est trop tu me feras mourir !!! »
Après ces mots elle tombe en arrière ;
Risbec accourt voulant la secourir.
De rappeler ses yeux à la lumière,
Quelques moments il conserve l'espoir,
Mais c'est en vain elle a cessé de vivre.
Déjà Risbec, en proie au désespoir,
Le fer en main, s'apprêtait à la suivre.
Mais sa raison venant à son secours,
Non, non, dit-il, une mort aussi prompte
N'expierait point mon forfait et ma honte ;
Je veux aller, le reste de mes jours,
Pleurer mon crime et vivre loin du monde.
Il dit, soudain dans sa douleur profonde,
Serrant sa fille et lui disant adieu,
En sanglottant, il partit de ce lieu.

 Le desservant qu'avait notre chapelle,
Vit un matin au confessionnal
Un étranger qui priait avec zèle,
Il en reçut un aveu général
Des noirs péchés qui causaient sa souffrance.
C'était Risbec, pour sa contrition,

Le chapelain prononça son pardon,
Lui, s'imposa dès-lors pour pénitence,
D'aller passer son reste d'existence
Dans les halliers qui bordent ces rochers.
Pendant le jour évitant les archers,
Il avait soin, dès l'aube matinale,
De se mêler aux verriers sous la halle,
Il y trouvait son pain de chaque jour;
Dès que la nuit avait fait son retour,
Il s'en allait regagner sa cachette.
Il habita quatre ans cette retraite.
On l'y trouva, sur la mousse étendu,
Après qu'à Dieu son âme il eut rendu. (*)
Sa fille était rendue au monastère ;
Elle fonda, pour obit à son père,
A notre autel, une messe par mois,
Pendant longtemps on en fit l'observance,
Mais aussitôt que le peuple de France
Eut renversé le trône de ses rois,
Brisé l'autel, anéanti ses droits,
Risbec n'eut plus ni messes ni prières !
De mois en mois on le voyait depuis,
Dans son linceul, marcher durant les nuits
Parmi les bois, les rochers, les bruyères,

(*) Guilmot m'a fait voir cette cachette; c'est une petite cavité dans le rocher dont un bloc cache l'entrée, on n'y monte que difficilement.

Remplissant l'air de lamentations.
Il n'a cessé ses apparitions
Qu'au temps meilleur, où la loi moins rebelle,
Nous a permis de rouvrir la chapelle;
Rendant le culte au gré de nos souhaits,
De quoi Risbec partagea les bienfaits. »
   Brigenêtière, ainsi de faits antiques,
Aux assistants racontait ses chroniques;
Mais le soleil déjà sous l'horizon,
Abandonnant les honneurs du salon,
Avait cédé sa place à la chandelle;
Chacun parlait de revoir sa maison,
Le chroniqueur finit sa kyrielle,
Et puis versa le vin à long bouchon.
Tous à l'envi vantèrent sa mémoire :
On disserta longtemps sur cette histoire,
Puis on trinqua le cœur rempli d'espoir,
Et l'on sortit s'entre-disant bonsoir.

FIN DU PREMIER CHANT.

2ᵉ CHANT.

L'homme qui dort durant les nuits entières
Est indolent, ou vit loin des affaires.
L'horloge à peine avait sonné minuit,
Que l'œil ouvert, nos adjudicataires,
Avec bonheur roulaient, dans leur esprit,
De leurs acquêts, quel serait le profit.
De grand matin ils ont quitté leur gîte,
La Glacerie a bientôt leur visite ;
Chacun revoit, d'un extrême plaisir,
Tous les objets acquis par lui la veille,
Il y fera bientôt mont et merveille !
Le Trottebec soumis à Mondésir,
Fera tourner des moulins par douzaines;
Par Dumoncel, le plus beau des domaines.
Va remplacer ces étiques taillis,
Ces rochers nuds, ces ajoncs rabougris ;
De vastes champs livrés à la charrue,
Vont se couvrir d'abondantes moissons ;
Sur ces sommets où rampent des buissons,
De grands sapins iront percer la nue ;
Dans les vallons, des prés où les troupeaux,
Rencontreront le plus gras pâturage,
Et des vergers fleuris sur ces côteaux,
Où le pommier, dans son épais feuillage,
Se chargera de ce fruit tentateur,
L'écueil d'Adam et l'espoir du buveur.

Le temps qu'ainsi Mondésir édifie,
Que Dumoncel défriche et bonifie,
Voilà qu'ici Lemagnen, Langouland,
Dans leurs projets l'un l'autre s'imitant,
Vont démolir, ainsi que deux vandales,
Tout bâtiment depuis le faîte aux dalles,
Puis à l'encan en vendront les débris.
Fameux verriers, ainsi qu'un héritage,
Vous qui léguiez vos talents à vos fils,
Et leur laissiez l'exclusif avantage
De diriger comme maîtres ouvriers,
Ou conducteurs, ces vastes ateliers;
Si vous pouviez revenir à la vie,
Dans ce lieu même où fut la Glacerie,
Que diriez-vous dans votre étonnement ?
Voyant partout un monde en mouvement,
Brisant, sapant et renversant par terre,
Ces ateliers qui, dans un temps prospère,
Enrichissaient, illustraient le pays ;
En vain ici vous chercheriez vos fils,
Et vos amis, même leur géniture,
Le directeur de la société
Un jour les fit entasser en voiture,
Et Saint-Gobin, dans sa manufacture,
Les a reçus par droit d'hérédité. (*)

(*) En 1824, la Glacerie de Tourlaville étant abolie, les ouvriers eurent ordre de se rendre à la manufacture de Saint-Gobin.

Il semble ici qu'une armée étrangère,
Ou les efforts d'un tremblement de terre,
Ont désolé ce village et ses champs,
Et fait au loin s'enfuir ses habitants.
Chaque jour voit une ruine nouvelle.
Les villageois craignant pour leur chapelle,
Ont tous voté sa conservation
Par une messe à cette intention.
   La cloche sonne et le monde entre en foule,
Sur appel fait aux choristes du Roule,
Les voilà tous avec leurs instruments,
Le chapelain donnant preuve de zèle,
D'un vif éclat fait briller la chapelle,
Par la splendeur de riches ornements,
Dignes du goût des plus nobles chapitres.
L'officiant, en élevant la voix,
Donne l'entrain par un signe de croix ;
Soudain, d'un ton qui fait trembler les vitres,
Sénéchal fils, Poutrel et Blanchemain,
Font le plein-chant en face du lutrin ;
Le grand Coupey les soutient et les guide,
Avec les tons de son ophycléide ;
Qui modulant les si, sol, fa, mi, ré,
Font un accord hautement admiré.
Le chapelain, dans sa magnificence,
Déploie aux yeux toute sa dignité.
Il pontifie, on le sert, on l'encense,
Et d'un prélat il a la majesté.

Jamais encor messe aussi solennelle
N'avait, dit-on, illustré la chapelle,
Même à son jour d'inauguration ;
Enfin voici la bénédiction,
Et puis la fin du dernier Évangile ;
Chacun se signe et sort persuadé
Que désormais il peut dormir tranquille,
Qu'il en sera tel qu'il l'a demandé,
D'après son vœu concernant la chapelle.
Mais que voit-on ? Deux hommes s'entre aidant,
Contre le toît, à dresser une échelle,
Et vers l'autel Lemagnen s'avançant,
Dire ces mots au digne desservant :
« Pardon, Monsieur, il faut que je vous dise,
Que c'est à moi qu'appartient cette église,
Et tout objet de son ameublement ;
S'il est ici pour vous quelque ornement,
Réclamez-le avant que l'on emballe,
Car dès demain il faut que tout détale. »
« Tout doucement, répond le chapelain,
Sur ces objets ne mettez point la main,
Craignez, Monsieur, de faire un sacrilége.
Si vous avez sur eux un privilège,
En temps et lieu vous le ferez valoir ;
En attendant, sachez que mon devoir
Est d'empêcher que ces choses sacrées,
Soient, par vos mains, aujourd'hui profanées.»
« Je veux encor, répartit Lemagnen,

Temporiser, mais c'est à ce moyen,
Que nous ferons ensemble un répertoire
Qui comprendra les effets mobiliers :
Pour commencer, voilà six chandeliers,
Un crucifix, un calice, un ciboire,
La grande croix pour les processions,
Un ostensoir avec tous ses rayons,
Deux encensoirs, item deux girandoles;
Ces objets là, sans doute, ont des contrôles;
Voyons d'abord ceux qui sont en argent. »
Il est saisi par le bras rudement
Comme il mettait la main sur le calice.
Non, Abraham ne fut pas plus surpris,
Lorsque le bras levé contre son fils,
L'ange lui fit manquer son sacrifice.
　　Les villageois, là, toujours demeurés,
Par ces débats sont tous exaspérés.
Ne pouvant plus contenir sa colère,
L'un d'eux s'avance et dit au chapelain :
« Permettez-moi, Monsieur, que ce vilain,
Qui vient troubler votre saint ministère,
Soit par mon bras, corrigé de ses torts;
Vous allez voir que, sans qu'il touche à terre,
Il va bientôt être lancé dehors. »
　　« Non, non, Bressin, calmez-vous je vous prie,
Ce zèle ardent, dont je vous remercie,
Ferait ici le plus mauvais effet,
Laissez-nous seuls, nous traiterons ensemble.»

« Monsieur, dit-il, à Lemagnen qui tremble,
A des excès ne donnez plus sujet,
Je puis encore vous sauver d'avanie,
Rassurez-vous, je vous offre un projet ;
Il est pour vous d'un très grand intérêt ;
Il satisfait aussi la Glacerie :
C'est de laisser, pour un temps seulement,
Votre chapelle et son ameublement
Ouverts au culte, et j'y ferai l'office ;
Vous quêterez pour votre bénéfice,
Sauf à payer la consommation ;
Il s'en fait peu, d'objets à notre usage ;
Vous fournirez le linge et blanchissage.
En aucun sens, votre acquisition
Ne vous vaudrait un si grand avantage,
Et vous serez aimé des habitants.
Les voyez-vous rassemblés en cohortes ?
Les poings fermés, les yeux étincelants,
Vous attendant en dehors de la porte ;
Il est grand temps pour vous de transiger,
Si vous voulez sortir d'un grand danger. »
« J'accède à tout, de plus je vous supplie,
Dit Lemagnen, de me sauver la vie. »
Le chapelain fait appeler Guilmot :
C'est le tambour et crieur du village.
A son de caisse il annonce aussitôt,
Que le Pasteur lui donne pour message,
De publier que Monsieur Lemagnen
Est un digne homme, un cœur de bon chrétien ;

Qu'au bien public, voulant prouver son zèle,
Aux habitants, il ouvre sa chapelle,
Pour être utile à leurs devoirs pieux.
Un changement soudain se manifeste,
Dans les esprits, les propos et le geste ;
Et Lemagnen n'est plus, à tous les yeux,
Qu'un homme saint qui mérite les Cieux.
On l'applaudit dès qu'il vient à paraître ;
Sur son passage on court pour le connaître ;
Guilmot l'engage à descendre chez lui,
On l'y reçoit en homme respectable,
Pour le bienfait qu'il accorde aujourd'hui.
De villageois une élite notable,
Le fait asseoir au haut bout de la table ;
La nappe est mise et le dîner servi,
On mange, on boit et l'on jase à l'envi.
   Or Lemagnen, que l'intérêt domine,
Tout en faisant honneur à la cuisine,
Sait amener la conversation
Sur sa chapelle, et de quelle importance
Sera pour lui son exploitation ;
On lui promet un bénéfice immense,
Mais il lui faut un homme intelligent,
Qui le dimanche et tous les jours de fêtes,
Prenne le soin de recevoir l'argent,
Et sache encore enregistrer les quêtes.
« Où pourriez-vous trouver meilleur que moi,
Pour exercer, dit Guilmot, cet emploi ?

J'ai ma maison tout près de la chapelle,
J'ai de l'usage et de l'activité,
Chacun ici connaît ma probité,
Je vous promets d'y mettre tout mon zèle ;
Vous recevrez un état très-fidèle,
Tous les trois mois, sans jamais de retard,
De la recette et dépense en regard ;
J'aurai par franc deux sous pour mon salaire ;
Ce n'est pas trop pour une telle affaire. »
« Vous les aurez, lui répond Lemagnen,
Faites si bien surtout que mon argent,
Sur le boni, dix pour cent me rapporte ;
Cinquante écus n'est pas somme si forte,
Qu'on ne l'obtienne en un an, frais payés. »
« Oh ! dit Guilmot, vous aurez davantage ;
Si du surplus nous faisions le partage,
Je me croirais dans dix ans riche assez.
D'un grand profit conservez l'espérance,
Comptez sur moi ; dimanche je commence.
Buvons, Messieurs, notre échanson versez. »
   Chacun bientôt débite sa chronique,
Plus ou moins vraie et plus ou moins comique.
Guilmot, qui veut passer pour érudit,
Lit de son fait un roman inédit,
Intitulé : Les mœurs et la famille
De Ravalet, seigneur de Tourlaville.
« Un jour, dit-il, cet orgueilleux tyran
Entre à l'église avec son chien courant,

Digne instrument du plus méchant des maîtres ;
Vient le moment de la procession,
Il ricochait dans les jambes des prêtres,
Tous en étaient dans l'indignation,
Ce qui beaucoup amusait le baron.
Il continue, il court, il batifole
Jusqu'au curé, qui d'un jarret tendu,
Lui porte un coup ; il fait la cabriole
Et sur la dalle il demeure étendu ;
On le croit mort ; le baron s'exapère,
Voyant partout un rire approbateur
Qui met encor le comble à sa colère,
L'épée au poing, il court sur le pasteur,
D'un coup mortel il l'étend sur la place,
Puis en sortant il fait cette menace :
« Rappelez-vous, misérables manants
Qui me riiez tout à l'heure à la face,
Que c'est ainsi que je punis l'audace
Des insoumis, des esprits arrogants. »
Sur son passage, une femme, en silence,
Très humblement lui fait la révérence,
En frissonnant de son air effaré.
Il reconnaît la mère du curé :
« Chez vous, dit-il, allez vous-en Madame,
Car votre fils en ce moment rend l'âme,
Je l'ai puni pour m'avoir insulté. »
Un noir courroux saisit ce cœur de mère,
Sans sentiment, elle tombe en arrière.

Lui, d'un œil sec pour cette extrêmité,
Suit son chemin et rentre à sa demeure.
Le lendemain, on vit à la même heure,
Six des rieurs pendus au maronnier ;
Deux jours après c'était un braconnier ;
Une autre fois deux manants, dont les ânes
Laissés souvent, par eux, à l'abandon,
Furent trouvés dans leurs désirs profanes,
Cabriolant les juments du Baron.

   Ce vrai tyran de la mésalliance,
Usait pour lui du droit de tolérance,
En poursuivant les filles des vilains,
Qui, tôt ou tard, devenaient ses victimes.
Si leurs parents entravaient ses desseins,
Pour s'en venger, ce vieux couvert de crimes,
Les enchaînait au fond d'un noir caveau,
Qu'il avait fait voûter sous son château ;
De leurs carcans on voit encor les mailles,
A des crampons soudés dans les murailles ;
Dans ce caveau, Guilmot a pénétré,
Il les a vus, c'est un fait avéré.

   Dieu, qui punit tôt ou tard, les coupables
Sinon dans eux c'est dans leurs descendants,
Du vieux Baron choisit les deux enfants,
Pour les frapper de ses coups redoutables.
L'un c'est Julien, Marguerite est sa sœur,
Anges d'espoir, de beauté, de douceur ;
Leur triste fin, dont a parlé l'histoire,
Dans Tourlaville est encore en mémoire.

Se complaisant par leurs communs instincts,
Ils s'isolaient dans leurs jeux enfantins ;
Devenus grands, leurs douces rêveries
Les conduisaient sur les vertes prairies,
Dans les vallons, sur le bord des ruisseaux,
Dans les bosquets au plus épais ombrage ;
Leurs cœurs battaient aux concerts des oiseaux,
A leurs amours agitant le feuillage.
Bientôt épris des plus coupables feux,
On voit partout leurs chiffres amoureux,
Et Cupidon les reçoit dans son temple,
Prenant d'Adam les enfants pour exemple,
Ils satisfont leurs goûts incestueux,
Sans nul remords de ce crime odieux.
Leur passion devient bientôt extrême ;
Quand du Baron, la volonté suprême,
Sans le savoir, entrave leurs penchants.
Il a promis la main de Marguerite.
Le prétendant vient faire sa visite,
C'est un grand noir, aux cheveux grisonnants,
Ni beau, ni laid, d'assez haute stature,
Qui siège à Caen dans la magistrature ;
Riche, en écus et puissant en faveurs.
De Marguerite, en vain, la résistance,
Au vieux Baron veut opposer des pleurs,
Il lui fallut obéir en silence.
Un incident flatte son espérance :
Le prétendant demande que Julien

Passe chez eux le temps de la vacance,
Croyant par là serrer mieux le lien.
Six mois après, par une chambrière,
Les deux amants sont pris en adultère.
La dame veut la chasser du logis,
Le maître veut en connaître la cause ;
Dans le débat on divulgue la chose.
Sur cet affront fait à ses cheveux gris,
Le mari prend un air sombre et sévère ;
De sa maison il chasse son beau-frère,
Et sur sa femme il a les yeux ouverts.
Mais à l'Amour vouloir donner des fers,
C'est animer ses feux et son audace.
Huit jours après, notre nouvel argus
Cherchait en vain sa femme et ses écus,
Il a juré d'en retrouver la trace ;
Nos fugitifs sont partout signalés.
Longtemps on crut qu'ils s'étaient exilés,
Mais des agents l'active surveillance,
A, dans Paris, découvert leur présence ;
Ils sont trouvés n'occupant qu'un seul lit,
D'eux la justice à l'instant se saisit.
Le vieux baron en apprend la nouvelle,
Sur son cheval bien vite on met la selle ;
Il part suivi d'un mulet chargé d'or,
Dans tout Paris on le voit se débattre,
Sollicitant, épuisant son trésor.
Il pleure en vain aux pieds de Henri quatre ;

Le tribunal prononce sur leur sort,
Pour le pardon le crime est trop infâme,
Et la sentence est un arrêt de mort.
Le cœur navré, le désespoir dans l'âme,
Le vieux baron, maudissant son destin,
De Tourlaville a repris le chemin.

Au châtiment il ne faut plus de trève,
On voit courir sur la place de Grève,
Un monde entier de badauds curieux ;
Chacun veut voir ces coupables fameux
Qui vont subir la peine capitale,
Ils sont déjà sur l'estrade fatale,
Leur beauté rare éblouit tous les yeux.
Soudain la mort se dresse devant eux :
La sœur, voulant en préserver son frère,
Dit que du crime étant cause première,
Seule, elle doit en subir la rigueur ;
Le frère aussi, voulant sauver sa sœur,
Prétend qu'ayant séduit son innocence,
C'est à lui seul de subir la sentence.
Sans écouter leur noble dévouement,
L'exécuteur saisit son fer tranchant,
Et par deux coups appliqués d'un bras ferme,
De leurs tourments il marque enfin le terme. (*)

Ainsi l'orgueil des fameux Ravalets,
Dans ces enfants finit par un supplice,

(*) Julien Ravalet de Tourlaville et demoiselle Marguerite de Tourlaville, sa sœur, décapités pour inceste, par arrêt du 2 décembre 1603; voyez à la bibliothèque de Cherbourg, un ouvrage intitulé : *Histoires tragiques de notre temps*, composées par François de Rosset, (Lyon 1742).

Et le Baron, pour prix de sa malice,
Fut poignardé par l'un de ses valets,
Dont il avait ravi la fiancée
Et qu'un matin l'on trouva dépécée.
 Dans Tourlaville encor, le voyageur
Ressent toujours un sentiment d'horreur,
Et la pitié soulève ses entrailles
Quand il revoit ces gros pans de murailles,
Cette chapelle et ces donjons déserts,
Et ces créneaux de lierre recouverts ;
Témoins muets des affreuses tortures,
Où succombaient d'humaines créatures,
Après avoir subi l'amour brutal,
De ces suppôts du règne féodal. »
 Guilmot se tait, là finit son histoire,
Tous à l'envi de vanter sa mémoire,
Son bel esprit, son érudition :
Puis, l'on en vient à parler politique,
On se demande à quand l'élection
Que l'on fera dans la garde civique ?
« C'est dans trois mois », répond François Bimbin.
« Oh ! si je suis réélu capitaine,
Répond Guilmot, amis, pour votre peine,
Je vous promets un copieux festin,
Où couleront la joie et le bon vin ;
D'un bal champêtre on goûtera les charmes,
Je veux aussi donner un assaut d'armes ;
Où l'on verra s'exercer, au fleuret,
Les écoliers de Baptiste Guéret ;
J'en dresserai dès demain le programme. »
« Pauvre Guilmot, tais-toi, lui dit sa femme,

Je crois, ma foi, que tu perds la raison,
As-tu juré de ruiner ta maison ?
A Tourlaville, on ne tient plus de fêtes,
Qu'on ne t'y voie avec tes épaulettes,
Ton uniforme et le sabre au côté !
Oh ! quand je sais ce que nous ont coûté
Ces oripeaux, oui j'en ai la migraine !
J'ai vu compter douze cents de trémaine,
Biffer trois mois d'un mémoire assez rond
De pension, envers Noël Eugène,
Pour acquérir et son grade et son fond ;
Faut-il nous être ainsi mis à la gêne,
Pour satisfaire un peu d'ambition ?
Puis n'est-ce point mystification,
Quand le Dimanche, en passant la revue,
Chacun t'a vu te poser en héros,
Et qu'on te voit, la hotte sur le dos,
Le lendemain, aller de rue en rue,
Mettre une vitre ou peindre un contrevent ?
Le malheur est qu'on t'y voit peu souvent,
Car le travail te donne la berlue. »
 « Vas-tu bientôt, femmme de Belphégor,
Répond Guilmot, d'une voix de Stantor,
De ton sermon nous épargner le reste ?
Qu'ai-je besoin de ces affronts ? malpeste !
Assurément là haut, il est écrit :
Que dans l'hymen, jamais homme d'esprit,
N'aura pour lot qu'une femme hautaine,
Témoins Xantus, Socrate et La Fontaine,
Pour qui la vie était un long tourment.
Moi je veux vivre ici différemment,

Je suis né libre et je hais l'esclavage;
Un vitrier peut être homme d'honneur;
Cincinnatus était un laboureur,
Qui sut sauver Rome par son courage,
Autant que lui je puis montrer du cœur :
Qu'un ennemi vienne attaquer la France,
Et l'on verra ce que peut ma vaillance.
Je n'ai jamais redouté le trépas ;
Quand tout l'enfer s'ouvrirait sous mes pas,
Qu'en même temps la foudre et la tempête,
Feraient crouler tout le ciel sur ma tête,
Le fer en main je ne tremblerais pas ! »
 « C'est vrai, Guilmot, tu vivras dans l'histoire,
Dirent-ils tous, tu naquis pour la gloire,
Quand Charles dix partait pour l'étranger,
Après avoir mis la Charte en danger,
A son approche on était en alarmes,
On le croyait suivi des Vendéens ;
Cherbourg en hâte arma ses citoyens;
Nous t'avons vu des premiers sous les armes,
A travers champs, aux accents du clairon,
Des Cherbourgeois joindre le bataillon.
Nous te faisons la promesse certaine
Que tu seras réélu Capitaine ;
Nous voulons tous éterniser ton nom.»
 Après ces mots, l'échanson verse à boire,
On trinque, on boit, la gaîté va son train,
Et puis, voyant que la nuit devient noire,
On se sépare en se serrant la main,
Et du logis chacun prend le chemin.

FIN DU DEUXIÈME CHANT.

3ᵉ CHANT.

 Durant trois mois, Lemagnen fut fidèle,
Chaque dimanche, à revoir sa chapelle,
Après l'office il allait chez Guilmot,
Voir si la quête avait de l'importance,
Et celui-ci flattait son espérance,
En lui montrant la rondeur du magot ;
Puis on buvait, on faisait tabagie ;
Là, de flâneurs s'assemblait un écot,
C'étaient Édouard de la Huberderie,
Parleur sans fin, avocat d'échalier,
Bon gastronôme et héros de cellier ;
Lamarre, ancien chef de cavalerie,
Il latinise, il sait scander les vers,
Parle de tout, juge à tort, à travers,
Et le malheur est, qu'il faut qu'on l'écoute ;
Le plus joyeux c'est Bertrand (dit saccoute),
Il rit, approuve, et son plus grand plaisir,
Est de verser, trinquer, boire et remplir ;
François Bimbin, lui, ne sait que l'histoire
De l'Empereur, ses combats et sa gloire,
Il n'admet point d'autre raisonnement :
Quant à Guilmot, son esprit, son talent,
Son grand savoir, son éloquent langage,
En font le chef de cet aréopage ;
Il sait par cœur Voltaire, Montesquieu,
Dupuis, Volnay, le Compère Mathieu,
Les attributs de la Mythologie,
Et le mot fin de la Théologie :
Dans le village on le donne au démon,

Car il n'entend ni messe ni sermon,
Même on lui croit un esprit diabolique,
Pour avoir fait quelques tours de physique ;
On lui connaît un gros livre italien,
Avec lequel il évoque le diable,
Et se transforme en bouc, en âne, en chien,
Sans pour cela qu'il soit méconnaissable ;
Assurément pourtant il n'en est rien,
Mais au village on a cette apostrophe,
Honnête ou non, dès qu'on est Philosophe,
Et que l'on veut se faire un culte à part.
A mon sujet rentrons sans plus d'écart.
Voici le jour où Tourlaville en masse,
Court au scrutin nommer ses officiers,
Devant Guilmot tout candidat s'efface,
Son nom de l'urne est sorti par milliers ;
Il est élu, proclamé capitaine,
De ses amis au moins une trentaine,
Lui font escorte, et jusqu'à sa maison,
A plein gosier chantant à l'unisson,
Font retentir dans l'air la Parisienne,
La Marseillaise et le Chant du départ.
Des trois couleurs l'un porte l'étendard.
Ainsi que Rome, après une victoire,
Voyait rentrer ses généraux vainqueurs,
Environnés de mille adulateurs ;
Tel est Guilmot, tout rayonnant de gloire,
Rentrant chez lui, parmi ses électeurs ;
Il fait planter l'étendard sur sa porte,
Et fait asseoir à table son escorte;
On verse, on trinque, on boit à la santé,

Du capitaine et de sa dignité.
De tous côtés les garçons et les filles ;
Sont accourus et forment des quadrilles,
Et sur le pré de la Direction,
Groult, farinier, rustique virtuose,
Les fait danser au son du violon;
D'autres, rondant sous l'épine aux fleurs roses, (*)
Font aux échos répéter leur chanson.

C'est là, qu'aussi l'on a marqué l'arène,
Par un grand cirque, à l'ombre d'un vieux chêne,
Guilmot s'y rend avec ses électeurs,
Tout en fendant des flots de spectateurs.

L'expert, qui va juger dans la partie
Les meilleurs coups, c'est Baptiste Guéret,
Maître escrimeur, qui dans la Glacerie,
Depuis long temps, tient une académie,
Sur le bâton, la boxe et le fleuret ;
Pour ses talents on l'aime, on le courtise,
Et cet assaut c'est lui qui l'organise.
Il fait au cirque entrer ses écoliers :
Ceux désignés pour bretter les premiers,
Sont Jean Picot, ex-sergent de l'Empire,
Qui, quoique vieux, cherche encore à s'instruire,
Et Jean Lazard, fier comme un Matador,
Qu'on l'ait tantôt élu sergent-major :
Il a pour lui la force et la jeunesse,
Mais Jean Picot, avec ses cinquante ans,

(*) Cette épine, peut-être la plus belle de la Normandie, était dans la cour de la Direction, elle avait la forme d'un pommier d'une tige peu élevée, sa tête d'une grosseur et d'une étendue considérables, produisait le plus bel effet quand, au printemps, elle était ornée de ses fleurs couleur de rose. On a trouvé qu'elle cachait la vue de la maison et pour cela on l'a détruite.

Quoiqu'il ait vu neiger par mauvais temps,
A plus que lui de savoir et d'adresse,
Au premier coup, cependant, Jean Lazard,
L'a boutonné par l'effet du hazard,
Mais le sergent, qui se remet en garde,
Voulant punir Lazard, qui goguenarde,
Pousse une botte et l'atteint au menton;
Un autre coup lui touche le téton.
Lazard piqué veut avoir sa revanche,
Quand du sergent, le rapide bouton,
Vient le pointer rudement sur la hanche,
Et lui faisant tressaillir le poignet,
Lui fait sauter à dix pas son fleuret.
Lazard vaincu, tout honteux se retire.
Louis Ingouf, Jean Rouxel et Bimbin,
S'étant frottés au sergent de l'Empire,
Ont de Lazard partagé le destin.
Sur le terrain le grognard se rengorge,
Mais contre lui s'avance Sénéchal,
Ex-artilleur, tant vanté pour la forge
Et pour l'escrime; il n'a point son égal,
Ni dans Cherbourg, ni dans son arsenal.
   Les deux champions se toisent des prunelles,
De leurs regards partent des étincelles,
Ils sont en garde et des mieux effacés,
Ils sont soudain l'un vers l'autre élancés;
Le vieux sergent, encor fier de sa chance,
Fait un moment des preuves de vaillance;
Mais par malheur tous ses coups sont parés,
Et Sénéchal le serre de si près,
Qu'il n'a le temps que d'être à la parade.

A reculons il parcourt l'esplanade,
Rompant toujours et toujours boutonné ;
Il voit bientôt que sur le camarade,
Dont tout-à-l'heure il est si mal mené,
Il n'a l'espoir d'avoir nul avantage,
A résister perdant alors courage,
Il fait retraite et laisse à son vainqueur
Tous les lauriers cueillis par sa valeur.

  C'est le gros Juez qui va prendre sa place.
Ancien sapeur, surnommé Bras-de-Fer,
Au régiment craint comme un Jupiter,
Dès que quelqu'un lui résistait en face,
Il l'envoyait loger chez Lucifer :
Large estomac, pieds d'airain, bras d'Hercule,
Dans un danger jamais il ne recule ;
Mais Sénéchal, aussi vaillant que lui,
Se met en garde et l'attend de pied ferme,
Inébranlable à ses coups comme un terme.
L'un des champions va connaître aujourd'hui,
Que cette fois il a trouvé son maître.
Il faut les voir combattre à qui va l'être :
Les deux fleurets, par l'animosité,
Font siffler l'air dans leur rapidité ;
Cent coups portés sont parés aussi vite,
Et ripostés sans plus de réussite.
Le vieux sapeur veut entrer plus avant ;
Depuis longtemps, Sénéchal l'observant,
Saisit son coup et par une seconde,
Pointe le flanc du sapeur étonné,
Qui, furieux de se voir boutonné,
L'œil tout en feu, dans sa rage profonde,

Sur le pointeur s'avance en forcené,
Impétueux comme un torrent qui gronde,
Promettant bien de venger cet affront
Par un grand coup qu'il va porter à fond.
Assurément il compte sans son hôte,
Car Sénéchal, aussi prompt que l'éclair,
Se dégageant et relevant son fer,
D'un filé droit lui caresse une côte,
Et sans laisser reposer son fleuret,
D'un autre coup il l'atteint au poignet.
   Trois fois touché, sans une réprésaille,
Font au sapeur voir qu'il n'est plus de taille
A soutenir l'éclat de son renom,
Et qu'il est temps de baisser pavillon.
Cette pensée indigne son courage;
D'un mouvement de colère et de rage,
Sur son fleuret déchargeant son courroux,
Il l'a brisé sur l'un de ses genoux !
Puis à Guilmot il lègue sa vengeance !
Guilmot l'accepte avec l'air d'assurance.
« Quoi, c'est Guilmot ! disent les spectateurs,
Qui veut tenter une pareille chance?
Il va bientôt sentir son impuissance;
Nous savons bien qu'entre tous les chasseurs,
A la perdrix, au lièvre, à la bécasse,
Il n'en est pas un seul qui le surpasse,
Qu'il est la fleur des peintres-vitriers,
Le guide sûr des bons cabaretiers,
Pour déguster le cidre, l'eau-de-vie,
Et bien choisir le vin et le cognac ;
On sait aussi qu'il connaît la partie,

De bien tenir son débit de tabac ;
Que nul n'aurait autant que lui de zèle,
Pour battre un ban, quêter dans la chapelle,
Expédier les meilleurs passavants,
Pour les tonneaux de cidre, aux paysans ;
Mais de vouloir remporter la victoire
Sur Sénéchal, c'est bien une autre histoire ! »
    Taisez-vous donc, gens trop peu confiants,
Vous faites tort à Guilmot dans sa gloire,
Ne lui croyant que cela de talents.
Quoi ! vous auriez donc perdu de mémoire
Sa force immense et sa dextérité ?
S'il a le nom de l'hercule des Gaules,
Assurément il l'a bien mérité,
Car vous savez qu'il a, sur ses épaules,
En capitaine et le sabre au côté,
Porté souvent douze cents de trémaine. (*)
Ignorez-vous un autre échantillon
De sa valeur, au hameau Quevillon,
Quand de buveurs, une demi-douzaine,
Chez Leballu, qui faisaient branlebas,
Guilmot n'ayant d'autre aide que ses bras,
Les rossa tant, qu'il les mit tous en fuite,
Et chacun d'eux s'esquivant au plus vite,
Fut se blottir et se mettre à couvert,
Dans le buisson où niche Saint-Hubert ?
Guéret, témoin de ce trait d'énergie,
Reçut Guilmot dans son académie,
Voulant, par lui, laisser dans le canton,

(*) Allusion aux 1200 bottes de trémaine ou trèfle qui étaient entrées dans le prix de ses épaulettes et autres objets d'armement et équipement.

Ses hauts talents à l'épée, au bâton,
Qu'il enseigna, dix ans, en Angleterre,
Sur les pontons, dans la dernière guerre ;
Guilmot peut donc fort bien être vaillant,
Sous les leçons d'un maître aussi savant.
Le voyez-vous effacé sous les armes ?
Qu'il a d'aplomb ! que sa pose a de charmes !
L'assaut s'anime, eh bien le voyez-vous,
Comment encore avec art et souplesse,
Il sait parer et risposter les coups ?
Tout le talent, le courage et l'adresse
De Sénéchal, sont pourtant mis en jeu,
De part et d'autre, on combat avec feu ;
Le sol frémit sous les coups de semelle,
Guilmot se couvre, aux yeux des spectateurs,
Le fer en main, d'une gloire immortelle.
L'acharnement de nos fameux bretteurs,
Est arrivé jusqu'à l'effervescence ;
Chaqu'un piqué de tant de résistance,
Veut en finir, et par un coup brutal,
Au même endroit boutonne son rival,
Et ce coup double achève la partie ;
Tous, pour Guilmot, marquant leur sympathie,
Battent des mains ; à l'instant Sénéchal
Marche vers lui, le nommant son égal,
Et le serrant, en brave camarade,
D'un cœur content, lui donne l'acolade,
En requerrant, de Guéret, qu'aussitôt
On lui délivre un brevet de prevôt ;
Puis il le veut pour son compagnon d'armes.
Guilmot, de joie, est ému jusqu'aux larmes,

Il court chez lui préparer le banquet.
Maîtres, prévôts, d'une voix unanime,
Ont proclamé Guilmot prévôt d'escrime,
Et c'est à qui signera son brevet.
   La grande salle, où la table est dressée
Pour le banquet, est toute tapissée
De rameaux verts, d'emblêmes, de drapeaux,
De noms choisis des plus grands libéraux.
Parmi ces noms on lit Guilmot en tête,
Pour digne hommage au héros de la fête,
Et son brevet, de laurier encadré,
Fait le pendant de ce nom illustré.
   Tous les amis ont pris place à la table,
Le goût des mets, le Pommard délectable,
Font circuler la joie et les bons mots;
Guilmot, surtout, brille par l'à-propos.
Tout en versant à boire à ses convives,
Il leur raconte, avec son ton joyeux,
Des vieux verriers les histoires naïves
Et les exploits des plus vaillants d'entr'eux.
Ce qui le plus fait rire l'auditoire,
C'est quand il vient à raconter l'histoire
Du loup fameux, à l'aspect effrayant,
Qui répandait l'horreur dans la contrée,
Et que son père abattit dans Cloquant.
On l'exposa comme un brillant trophée;
Il attirait des flots de curieux,
Et les verriers s'en montraient glorieux;
Mais leur orgueil fut de courte durée.
Un beau matin le loup était volé.
Voilà bientôt un conseil assemblé,

Ce vol jugé, sur le fond et la forme,
Est un affront aux verriers adressé.
Il faut savoir où le loup est passé.
De tous côtés on voyage, on s'informe.
Enfin l'on sait que c'est un rufosain,
Qui dans la nuit a fait ce coup de main.
Vite à Rufosse on envoie, en message,
Balsa-Rouxel avec Richard Eté,
Pour que le loup soit soudain rapporté.
En moins de rien ils sont dans le village,
Et font savoir le but de leur voyage.
On les reçoit avec beaucoup d'égards,
On verse à boire, en les met en goguette,
Puis on leur tient des propos goguenards,
Puis on saisit le pied de la sellette
Où l'on a fait asseoir Richard Été.
Il est bientôt sur le dos culbuté,
Et mille coups lui meurtrissent la face,
Tant qu'à la fin on le laisse pour mort.
Balsa, craignant d'avoir un pareil sort,
Gagnait la porte en faisant volte-face;
Mais par malheur les lâches Rufosains,
Tous à la fois lui tombent sur les reins,
Et c'est à qui lui brisera l'échine.
Par tant de coups le temps qu'on l'extermine,
Richard Été, qui recouvre ses sens,
Voit dans un *têt* le reste de ses dents
Et de son sang peut-être une chopine
Il a, de rage, avalé tout d'un trait;
Puis arrachant un des pieds de la table,
Il court sauver Balsa qu'on assommait;

Rien ne résiste à son bras redoutable,
Il frappe à mort ses traîtres ennemis ;
Tous, en poussant de lamentables cris,
Prennent la fuite à travers le village,
Les bras cassés, la balafre au visage,
Jettant partout l'épouvante et l'effroi.
Chaque habitant se renferme chez soi ;
Richard, à lui, tient le champ de bataille :
Vite son loup, sinon les toits de paille,
Vont n'être plus que cendre et que charbon ;
Déjà son bras agite le brandon.
Les Rufosains, appréhendant les flammes,
Ont envoyé leurs enfants et leurs femmes,
Rendre le loup et demander pardon.
 A cet appel, fait à leur indulgence,
Par l'humble voix, les pleurs de l'innocence,
Et le trophée entre leurs mains remis,
Nos deux vainqueurs, contre leurs ennemis,
Ont oublié leurs projets de vengeance ;
Chantant victoire et le loup sur le dos,
Ils sont rentrés chez eux en vrais héros.
 Et pour qu'aucun ne se refuse à croire,
Poursuit Guilmot, cette authentique histoire,
Je vais chercher la peau du même loup,
Qui, dans le temps, a joué ce grand rôle. »
Il se levait pour leur tenir parole,
Quand Lemagnen, qui paraît tout-à-coup,
Change bientôt sa joie en avanie,
En lui disant ces mots pleins d'ironie :
« C'est bien, Guilmot ! vous traitez vos amis,
Il est très beau de se voir réunis,

Dans un salon décoré de verdure ;
Voir devant soi des mets et des flacons,
Suivre gaîment les leçons d'Epicure,
Tout en traitant, par de bonnes raisons,
La politique et la littérature ;
Et pourquoi pas faire l'Epicurien
Quand on en a comme vous le moyen?
Mais, dites-moi, car ceci m'inquiète,
Pourquoi la messe a-t-elle été sans quête?
Et de quel droit, pour tenir vos banquèts,
Négligez-vous ainsi mes intérêts?
Soyez prévôt, officier, peu m'importe,
Si vous voulez en agir de la sorte,
Moi, je saurai m'arranger autrement :
Réglons toujours vos trois mois de gérance,
Et du boni donnez-moi connaissance,
En me faisant le compte exactement. »
« Vous me traitez, dit Guilmot, comme un cuistre,
Dans ma maison et devant mes amis ;
Pour une quête à quoi bon ces hauts cris ?
Je l'ai portée en recette au registre,
Au plus haut taux, ainsi qu'y perdrez-vous ?
A vos dépens je ne traite personne ;
De vos propos, ici chacun s'étonne,
Je vais régler mes comptes devant tous.
J'ai, dans trois mois, cent vingt francs de recettes ;
J'ai dépensé, dans diverses emplettes,
Comme charbon, pain d'autel, cire, encens,
Vin pour la messe, entretien d'ornements,
Huile à quinquet, mémoire de vitrage,
Bancs réparés, le coût du blanchissage,

Linge acheté, solde du sacristain,
Mon traitement, total du tout enfin
Cent dix-huit francs, reste deux francs en caisse »
 « C'est vous moquer de moi tout à votre aise,
Dit Lemagnen, et vous me croiriez fou,
De vos deux francs si j'acceptais un sou.
Eh quoi, deux francs pour trois mois d'exercice !
Huit francs par an ? Quel fameux bénéfice
Sur un objet qui vaut quinze cents francs !
C'est pour le coup qu'on rit à mes dépens;
Mais, attendez, j'y vais porter remède. »
Il dit, soudain de colère emporté,
Dans sa chapelle entrant en révolté,
Il fait un tas de tout ce qu'il possède,
Et ne veut pas que rien reste après lui,
Tout pour Cherbourg va partir aujourd'hui.
 A peine a-t-il commencé l'emballage,
Que les clameurs des dévots du village
Ont répandu l'alarme aux environs;
Adieu le bal, les rondes, les chansons.
Le peuple en foule entre dans la chapelle;
Vingt à la fois empoignent Lemagnen;
Il est traîné dehors comme un païen;
On lui promet la mort la plus cruelle.
Déjà sur lui tous les bras sont levés,
Mais par hasard ses jours sont conservés.
Du chapelain tout à coup la présence,
Des furieux calme l'effervescence.
 « Quoi ! leur dit-il, est-ce ainsi qu'on sert Dieu?
Quand par un meurtre on souille le saint lieu !
Croyez-vous donc qu'il veut que la colère

Venge sa cause ou prouve sa grandeur?
Il peut, sans vous, corriger un pécheur :
Pour le chrétien, tout prochain est un frère,
Celui qu'ici vous menacez de coups,
En l'assommant, le convertirez-vous?
S'il a des torts envers la Providence,
Laissez à Dieu le soin de la vengeance ;
Et vous, dit-il, en fixant Lemagnen,
L'Enfer, par vous, a trouvé le moyen
D'outrager Dieu, de profaner son temple,
Que dès ce jour l'anathême interdit ;
Ici, l'erreur en suivant votre exemple,
Va d'un lieu saint faire un séjour maudit.
Ah ! je prévois un avenir funeste,
Pire cent fois que la guerre et la peste !
Que je vous plains, ô mes chères brebis !
De mes leçons qui faisiez vos délices,
Et dont le Ciel devait être le prix ;
Bientôt l'Enfer, par ses noirs artifices (*),
Vous détournant de mes enseignements,
Vous portera vers d'affreux changements,
Dont le nom seul me fait frémir d'avance !
Heureux celui dont la persévérance
A résister à la tentation,
Le sauvera de la damnation. »

   Le chapelain, après cette sentence,
A fait savoir à toute l'assistance
Que dans l'état de profanation,

(*) Allusion à l'entreprise que firent les Protestants de s'établir à la Glacerie.

Où maintenant se trouve la chapelle,
A son devoir voulant être fidèle,
D'y célébrer il fait abstention,
Jusqu'à sa réhabilitation.
Après ces mots, saluant l'auditoire,
Il se retire : alors les assistants,
Tous stupéfaits, ainsi qu'on peut le croire,
S'en sont allés chez eux fort mécontents.

FIN DU TROISIÈME CHANT.

4ᵉ CHANT.

Les Glaceriens, depuis cette querelle
Qui leur avait aboli leur chapelle,
Ne voyaient plus le dimanche au matin,
Pour assister à l'office divin,
Les villageois de toute la contrée,
Dont la plupart, pour finir la journée,
Allaient chanter les vêpres chez Guilmot.
On vit tomber le commerce bientôt,
Et les marchands, d'une lieue à la ronde,
Ne venaient plus, depuis cet abandon,
Y débiter leur lard et leur mouton :
Plus de gaîté, la misère profonde
Allait bientôt faire de ce hameau
Un lieu désert, plus triste qu'un tombeau.
 On conviendra que c'eût été sottise,
Pour Lemagnen d'aller voire son église,
Après avoir causé ce changement.
Grands et petits lui gardaient une dent ;
Et par malheur, si, dans la Glacerie,
Un beau matin il se fut présenté,
Assurément il eût été frotté,
Pour s'en sentir le reste de sa vie.
Il en était si bien persuadé,
Que dès le jour qu'il s'était évadé
D'entre leurs mains, il vendit sa chapelle
A Beaumesnil, en jurant de plus belle,
Que l'on pourrait l'enfermer comme un fou,
Ou le contraindre à japper comme un dogue,
Si, désormais, il dépensait un sou

Pour acheter église ou synagogue,
Dans un espoir de spéculation ;
Ici je rentre à ma narration.
   Les Glaceriens, menacés d'indigence,
D'un meilleur sort perdaient toute espérance,
Lorsqu'un matin, quelqu'un vient affirmer
Que sous huit jours l'évêque de Coutances
Dans le canton viendra pour confirmer,
Ce qui promet les plus heureuses chances
D'amendement à la position,
Car on pourra, par cette occasion,
Avoir le droit de rouvrir la chapelle.
On s'entre dit cette bonne nouvelle,
Vite l'on fait une pétition,
On fait signer toute la Glacerie,
Le rédacteur c'est la Huberdière,
Il en fera la présentation,
A Monseigneur, ou bien au grand-vicaire,
L'abbé Lamarre, ils ont étudié,
A Sottevast, ensemble au séminaire,
On s'est toujours, l'un l'autre, tutoyé,
L'évêque et lui sont presque même chose,
Sur lui, toujours, Monseigneur se repose,
Pour tout le soin d'administration ;
« Or nous pouvons, dit La Huberderie,
Etre assurés de gagner la partie,
Car je réponds de sa protection. »
   Huit jours après, l'Évêque et son cortège,
Dans Tourlaville établissaient leur siège,
L'entraînement est bientôt général,
Dès le matin, au confessional,

Jusqu'à la nuit, on tient les deux vicaires ;
A d'autres temps on remet ses affaires,
Pour mieux soigner sa disposition
A recevoir la confirmation,
   Voici le jour de la cérémonie,
Le ciel est beau, la campagne est fleurie,
L'air retentit du concert des oiseaux,
Bientôt la cloche éveille les hameaux,
Les villageois, que ce son électrisé,
A pas pressés, s'avancent vers l'église
Où tout respire un air de majesté,
Et le prélat, en chaire étant monté,
A fait comprendre, à tout son auditoire,
Quel est de Dieu la puissance et la gloire,
Puis au chrétien, toute l'utilité
Du sacrement, que le salut impose,
Et qu'en ce jour l'Eglise lui propose.
Les auditeurs, avec attention,
Ont écouté ce sermon salutaire ;
Et le Pasteur, descendant de la chaire,
Va dans le chœur prendre position ;
Autour de lui s'assemble son chapitre,
L'un tient sa crosse et l'autre tient sa mitre,
Celui-ci l'huile, un autre le coton ;
On s'est signé. Les assistants dociles,
A deux genoux, s'étant mis sur deux files,
Tendant la joue avec dévotion,
Ont tous reçu la confirmation.
  Puis mille voix, entonnant des cantiques
Qui du très haut célébrant la bonté,
Font retentir la voûte et les portiques,

Ainsi finit cette solennité.
Chacun, prenant le chemin de son gîte,
S'en va tirer son lard de la marmite ;
Et monseigneur en passant les bénit,
Puis, gravement par le curé conduit,
Avec sa suite il entre au presbytère,
Dont les fourneaux embeaument l'atmostphère ;
Les cuisiniers, par un échantillon
De leurs talents, servent dans le salon,
A ces messieurs, un dîner d'étiquette,
Où chacun fait honneur à son assiette,
Et sans trinquer vide son rougebord.
Quelques bons mots sont échangés d'abord,
Des rangs c'est là qu'on voit la différence,
Les hauts placés auprès de monseigneur,
Sur tous sujets parlent de préférence,
Et dans le but de plaire à Sa Grandeur,
Un rien par eux acquiert de l'importance ;
Celui qui tient un rang inférieur,
Eût-il cent fois plus d'esprit que Voltaire
Ou que Bossuet, son rôle est de se taire,
S'il ne veut point passer pour importun,
Mais après tout en bonne compagnie,
Boire, manger, faire tapisserie,
Vaut encore mieux que de rester à jeun,
Ou de se voir n'être écouté d'aucun.

   Il est grand temps que, pour la Glacerie,
Ami lecteur, je rentre à mon sujet ;
Je vois Edouard de la Huberderie,
A Monseigneur présentant son placet,
On lui promet que, vu les circonstances,

On fera droit à sa pétition
Dès qu'on sera de retour à Coutances ;
Huit jours après, l'autorisation
Vient au curé, de rouvrir la chapelle,
Et qu'un vicaire en soit le desservant,
Si, sur deux, un lui reste suffisant :
On le croira, cette heureuse nouvelle
Porte la joie au cœur des Glaceriens,
D'être à dimanche ils sont impatients,
Dimanche vient, pas de réouverture,
On est surpris, on s'étonne, on murmure ;
Plusieurs d'entre eux s'en vont chez le curé,
Qui les reçoit d'un air très affairé,
En leur disant que s'il a deux vicaires,
Ce n'est pas trop pour sa charge d'affaires,
Qu'ils peuvent voir leur ancien desservant,
Dont leur chapelle était la succursale,
Qu'il la bénisse, et que dorénavant
Il l'administre, ainsi qu'auparavant ;
Mais, qu'au surplus, l'église paroissiale
N'est pas si loin qu'on n'y puisse venir,
Et puis, d'ailleurs, plus loin plus de mérite,
Les députés, voyant pour en finir,
Que leur démarche était sans reussite,
Sont revenus raconter, au plus vite,
A leurs amis, les raisons du curé ;
« Quoi ! disent-ils, pour agir à son gré,
Il nous faudrait aller à ses offices,
Pour augmenter encor ses bénéfices ?
A Monseigneur il faut le dénoncer. »
« Nous ne pouvons, dit Guilmot, le forcer

A nous donner le dimanche un vicaire,
A moins qu'un seul pour lui soit suffisant,
Il sait fort bien vous le mettre en avant ;
Mais aidez-moi dans ce que je vais faire,
Et vous verrez si de sa propre main,
Nous n'aurons pas dimanche un chapelain. »
Tous ont promis d'aider son entreprise,
Et pour Cherbourg Guilmot part sans remise,
Il va trouver son ami Barafort,
Bon Calviniste, et qui tient à la gloire,
D'être à Cherbourg membre du consistoire :
Ils sont entrés au grand café du port ;
Après avoir parlé catholicisme,
Tout en buvant un bon verre de vin,
Il lui fait part que disposés au chisme,
Les Glaceriens vont se rendre à Calvin,
Qu'il est chargé de traiter cette affaire
Près du ministre, et pour les satisfaire.
Il faut tâcher qu'il vienne dès demain,
Par un sermon mettre la chose en train,
Car on l'attend avec impatience.
  « Mon cher Guilmot, ayez bonne espérance,
Dit Barafort, croyez que mon pasteur
Approuvera votre sage entreprise,
Comptez aussi, que par mon entremise,
Il va se rendre à vos vœux de bon cœur ;
Venez le voir, je vais vous y conduire,
Et du projet vous-même allez l'instruire, »
  « Je le veux bien, allons-y dit Guilmot ; »
Chez le ministre on arrive aussitôt :
Des glaceriens se disant mandataire,

Guilmot s'adresse au ministre sectaire;
« Sachez, dit-il, que mes concitoyens,
Dans leur dégoût pour le catholicisme,
Pretendent tous se rendre au calvinisme.
D'y parvenir donnez leur les moyens,
Venez demain les mettre sur la voie,
On vous attend avec bonheur et joie
On se promet, avec dévotion,
D'aller en masse à votre instruction. »

Guilmot se tait, attendant la réponse,
« J'irai demain, Monsieur, dit le pasteur,
A vos amis vous en ferez l'annonce,
Et si je trouve en eux de la ferveur
Pour les leçons du grand réformateur,
Tout ira bien, nous vaincrons les obstacles
Sans employer le moyen des miracles. »

Après ces mots, Guilmot, rempli d'espoir,
A pris congé du grave personnage,
En lui disant pour demain au revoir
Et promptement il revient au village,
Vantant partout le succès du message,
Et stimulant l'enthousiasme de tous
En leur donnant, pour demain, rendez-vous.

Le lendemain, d'après son espérance,
Guilmot, chez lui, voit venir l'affluence,
Tous les hameaux ont des représentants,
Pour les honneurs à rendre aux protestants;
Il a gagné, pour eux, les sympathies,
On les attend par les terres feuillies;
Accompagné d'un cortége nombreux,
Il les rencontre auprès des arbres creux,

Et les reçoit avec cérémonie,
Puis les conduit chez La Huberderie :
On a dressé pour eux, dans le jardin,
Le long du mur, contre un épais jasmin,
Une tribune en gazon et feuillages,
Où le ministre et ses consistoriens,
Se sont assis, alors les Glaceriens
Et tous les gens accourus des villages,
Se sont groupés près de ces personnages,
Faisant silence et brûlant de savoir
Ce qu'on allait leur faire concevoir ;
Quand le pasteur, de sa modeste chaire,
Leur parle ainsi, d'un accent débonnaire :
« Chers villageois, l'honorable Guilmot,
M'ayant instruit que, lassés du Papisme,
Vous désiriez vous rendre au Calvinisme,
Je suis venu parmi vous aussitôt,
Pour m'assurer si dans cette tendance
Vous promettez de la persévérance : »

Tous d'une voix disent, nous le voulons,
Nos plans sont pris, nous y persisterons !
« Et bien, Messieurs, leur répond le ministre,
Il ne faut plus, pour qu'ici j'administre,
Que d'en avoir l'autorisation,
Et pour cela, signez sur un registre,
Soixante au moins, votre conversion. »

Là, tout à coup, une table est dressée,
Et tout autour, une foule empressée
S'entre passant la plume et l'encrier,
De cent vingt noms a chargé le papier ;
Un résultat d'une telle importance,

Donne au pasteur la meilleure assurance,
Qu'ici, sa cause a fait de grands progrès;
Pour s'assurer encore mieux du succès,
De son Eglise il fait l'apologie;
« Nous possédons, dit-il, chers auditeurs,
Les vérités de la théologie,
Et nous venons dissiper vos erreurs;
Nous remontons par notre liturgie,
Aux livres saints de l'ancien testament,
Nous enseignons par les saints Évangiles,
La loi de Christ, sans aucun changement,
Qui vous promet l'entrée au firmament :
Nous n'irons point, par des mots inutiles,
Pris au latin, qui vous sont des rébus,
Éterniser un système d'abus,
La vérité ne craint point la lumière,
C'est en français et même en sens vulgaire,
Que nous viendrons éclairer votre foi,
Nous prescrivons ceci dans notre loi :
Adorez Dieu sans vouloir le comprendre,
D'une parole il a fait l'Univers,
A ses bontés le juste doit prétendre,
Ses châtiments atteindront les pervers ;
Pour le prochain ayez de l'indulgence,
Faites le bien sans ostentation,
Dieu seul doit voir cette bonne action ;
Par des bienfaits répondez à l'offense,
Du superflu soulagez l'indigent,
A ses malheurs apportez du remède,
Ne faites point prier pour de l'argent,
De vous à Dieu, Christ est seul intermède,»

Priez par lui, pratiquez ses vertus,
Et Dieu pour vous n'aura point de refus;
Pour aujourd'hui c'est assez vous en dire,
Nous reviendrons dimanche vous instruire,
Vous comprendrez, je crois, facilement,
Qu'on ne voulait que votre aveuglement. »
 Après ces mots la séance est levée,
On applaudit, les voix des auditeurs
Font de Risbec retentir la vallée,
Tant ce discours a réjoui leurs cœurs;
Puis le ministre avec sa compagnie
Sont reconduits chez Lahuberderie,
Où d'un dîner l'on a fait les apprêts
Pour ces messieurs et les premiers notables;
En même temps, dans tous les cabarets,
La multitude utilise les tables,
Mangeant, buvant, trinquant à verre plein,
En commentant le culte de Calvin.
 Dans le village il n'est point de mystère,
Dont le secret ne vienne au presbytère,
Voilà pourquoi le sermon protestant
Fut au curé rapporté dès l'instant;
La nuit suivante il en eut l'insomnie,
Le lendemain il parcourt les hameaux,
Prêchant la foi, détruisant l'hérésie,
Quelques succès soutiennent ses travaux;
Il a déjà pour lui les ménagères,
Dont les maris, à Cherbourg ouvriers
Dès le matin sortent de leurs chaumières,
Et jusqu'au soir sont à leurs ateliers.
Par tous moyens on promet de les rendre,

Mais les présents ne veulent rien entendre,
Le calvinisme a, pour eux, si bon droit,
Qu'il convient seul au bonheur de l'endroit.
 Le bon curé, sans perdre patience,
Va chez Guilmot qu'il trouve en conférence
Avec Édouard, Lamarre, Jean Bertrand ;
Il s'aperçoit qu'il les trouble en entrant,
Et saisissant ce moment d'influence :
« Messieurs, dit-il, quel est votre dessin,
Et pourriez-vous être assez téméraires
Que de vouloir, au culte de vos pères,
Substituer les erreurs de Calvin ?
Hier ici vous fêtiez son ministre,
Vous appelliez le peuple à son sermon,
Je viens d'en voir le résultat sinistre,
Dans les hameaux il n'est pas de maison,
Où l'on n'y soit possédé du démon,
Ici c'est l'homme, autre part c'est la femme,
Qui hasardant le salut de leur âme,
La bible en main, discutent follement,
Et de leur foi se font un réglement ;
Leur discidence excite des querelles,
A notre loi ceux qui restent fidèles
Sont insultés, traités par les intrus,
De sots fieffés et de cerveaux perclus ;
Cette hérésie, en augmentant ses forces,
N'enfantera que haines, que divorces,
Et vous serez la cause de ces maux :
Détournez-les il en est temps encore,
Rétablissez la paix dans les hameaux.
Vite, éteignez le feu qui les dévore,

Sinon l'Enfer n'aura point de tourment
Assez cruel pour votre châtiment ! »
« Puisque le mal, dit Guilmot, est extrême,
De l'empêcher il ne tient qu'à vous-même ;
Promettez-nous que, dimanche prochain,
Dans la chapelle on nous dira la messe,
Que nous aurons, de droit, un chapelain ;
De mon côté, je vous fais la promesse,
De mettre en paix ce peuple exaspéré ;
Et vous verrez les plus chauds hérétiques ;
Par moi, changés en zélés catholiques. »
« Je le promets, lui répond le curé,
Comptez sur moi, vous, tenez moi parole. »
Puis il salue et s'en va rassuré,
Voyant le mal près d'être réparé :

    Comment Guilmot va-t-il jouer son rôle,
Pour ramener sous le pouvoir romain,
Tant d'apostats qui sont faits de sa main ?
Mon cher lecteur, un peu de patience,
Vous allez voir que sa haute science
L'affranchira de ce qu'il a promis ;
Il a déjà réuni ses amis,
Et chacun sait de lui, ce qu'il faut faire,
Pour le succès de cette grande affaire,
Le ciel aussi, paraît à ce sujet,
Se disposer à servir son projet.

    Les Glaceriens ont tant trinqué la veille,
Que cette nuit ils ronflaient à merveille,
Lorsque le ciel soudain, entre en courroux,
Un éclair brille et le tonnerre gronde,
Avec fracas il redouble ses coups,

Chacun, saisi d'une terreur profonde,
En s'éveillant, pense à la fin du monde;
Mais c'est bien pis, dans leurs émotions,
Voici des cris, des lamentations,
Entremêlés aux éclairs, à la foudre;
Nul, à sortir, ne pourrait se résoudre,
Chacun, de peur, s'enfonce dans son lit,
Sans fermer l'œil le reste de la nuit,
Dans sa frayeur ses cheveux se hérissent;
Quand par momens ces bruits sourds retentissent,
Et tout son corps se charge de frissons;
Enfin, le jour a dissipé l'orage,
Et fait cesser les lamentations;
Les Glaceriens, la pâleur au visage;
Par çi, par là, groupés dans le village,
Se font, entre eux, le terrible récit,
De leurs frayeurs dans cette affreuse nuit;
Et de ces cris tous ignorent la cause,
La nuit suivante est encore même chose;
Mais cette fois les plus déterminés,
Hors de la porte ayant montré le nez,
Ont aperçu le squelette d'un homme,
Dans un linceul, et ce hideux fantôme,
Du Val-Risbec parcourant les buissons;
On les voyait se prosterner à terre,
Toutes les fois que roulait le tonnerre,
Et remplir l'air de lamentations :
Le vieux Major vient affirmer de même,
Que cette nuit, venant de Penême,
Il avait vu, dans les prés du château,
Deux revenants, l'un tenait un flambeau,

Courant après leurs têtes décolées,
Qui, devant eux étaient toujours roulées ;
Ce ne sont plus que récits effrayants,
Sur les lutins, fantômes, revenants,
Que l'on a vus, durant les nuits dernières,
On ne peut plus sortir de sa maison,
Sans, devant soi, voir une vision,
Les carrefours sont barrés par des bières,
Les chemins creux sont pleins de loups-garoux,
Qui vont lançant du feu par tous les trous ;
Toutes les nuits Guilmot, depuis dimanche,
Devant sa porte a vu la dame blanche,
Et dès qu'il veut vers elle s'avancer,
Sur sa maison il la voit s'élancer,
En lui faisant une laide grimace,
Puis s'éclipser, sans laisser nulle trace ;
Et l'on entend, pendant quelques moments
L'air retentir d'affreux ricannements.
  Tous ces détails, que l'on fait à la ronde,
Jettent partout une terreur profonde,
Et chacun dit, dans son étonnement :
« Depuis trois jours, mon Dieu, quel changement !
La Glacerie, en tout temps si paisible,
N'est plus la nuit qu'un séjour infernal !
Pour mériter un pareil bacchanal,
Qu'avons-nous fait de si répréhensible ? »
« Vous l'ignorez? leur dit Colin Lebrun, (*)
A pis encor vous devez vous attendre,
Écoutez-moi vous allez le comprendre,
Car sur cela j'en sais plus long qu'aucun :
J'avais trente ans lorsque la République,

En prohibant le culte catholique,
Par un décret fit fermer les saints lieux;
Dès que l'on eut fermé notre chapelle,
Notre village, hélas ! je m'en rappelle,
Toutes les nuits devint bien malheureux !
On n'y voyait que lutins et fantômes,
Et de Risbec les lamentations,
Et son squelette en apparitions,
Dont vous avez ces nuits vu les symptômes;
Puis Ravalet, auprès de son château,
Par les démons, tourmenté pour ses crimes,
Et ses enfants, au nombre des victimes,
Offrant leur tête au tranchant du bourreau;
Tant que dura le culte des déesses,
Risbec n'ayant ni prières ni messes;
Mettait en jeu toutes ces visions,
Qui descendaient jusque dans les maisons;
Tout disparut avec les jours de crises,
Dès qu'on permit de rouvrir les églises;
Et vous voulez vous rendre protestants,
Pour ramener ici ces mauvais temps !
Vous en voyez déjà l'expérience,
Continuez si cela vous convient,
Mais de pardon n'ayez nulle espérance
Car vous aurez ce qui vous appartient.»
 Cette menace a répandu l'alarme,
De tous côtés ce n'est plus qu'un vacarme,
On fait fureur contre les protestants,
Que l'on accuse eux et leurs partisans,
D'avoir causé ces visions horribles,
On les maudit; on jette au feu leurs bibles,

Faisant serment, pour dimanche prochain,
D'organiser contre eux un coup de main.
   Voici dimanche, après tant de tourments,
De grand matin, on vit les mécontents,
La trique en main, fermes dans leur attente,
Fermer déjà de gros attroupements;
Tous ont juré, sur l'honneur de leurs armes,
Que chaque coup porté par leur gourdin,
D'un protestant va finir le destin;
Mais, que voit-on? Ce sont quatre gendarmes,
Au Sous-Préfet de Cherbourg demandés,
Et qui pour l'ordre ici sont commandés,
Voici venir aussi deux messieurs prêtres,
Monsieur le maire et deux gardes-champêtres,
Un sacristain portant des ornements,
Guilmot se rend à leurs commandements,
Ses affidés répandent la nouvelle
Dans les hameaux, qu'on rouvre la chapelle.
Qu'on a béni l'autel et le lutrin,
Et qu'on est prêt pour l'office divin;
Soudain la cloche, en bruyantes volées,
Fait retentir les monts et les vallées;
Les villageois électrisés, joyeux,
Sont accourus, de toute la contrée,
Revoir l'autel fondé pour leurs aïeux;
Et la chapelle en est toute encombrée,
Les Glaceriens, ravis d'un tel concours,
Pensent revoir le temps de leurs beaux jours,
Et de Guilmot exaltant la victoire,
A haute voix, ils proclament sa gloire,
En promettant de transmettre à jamais

A leurs neveux, son nom et ses hauts faits,
    Tout en vantant Guilmot et son histoire,
Que l'on aura toujours dans la mémoire,
Un grand danger restait encor pendant,
Car Beaumesnil pouvait, par un caprice,
Dans sa chapelle interdire l'office,
Ou toutefois s'y montrer exigeant ;
Mais cette crainte a fait place à la joie,
Un digne abbé, qu'ici le ciel envoie,
Vient annoncer qu'il a l'intention,
Au val Risbec, de bâtir une église,
Par le moyen d'une souscription ;
Tous à l'envi soutiennent l'entreprise ;
Bientôt après l'église et son clocher,
Sont élevés presque au pied du rocher :
A Beaumesnil on remet sa chapelle,
Ce fut alors une fête nouvelle,
Quand de Cherbourg le docte et saint curé,
Bénit ce temple au seigneur consacré ;
On vint en foule à la cérémonie,
C'était à qui, sur l'autel de Marie,
Ferait brûler et la cire et l'encens ;
De ses hameaux la discorde bannie,
Est disparue avec les dissidents,
Plus de débats, de haines, de querelles,
Depuis ce temps le zèle du pasteur,
Prêchant à tous les vertus fraternelles,
A fait goûter la paix et le bonheur.

FIN DU QUATRIÈME ET DERNIER CHANT.

www.ingramcontent.com/pod-product-compliance
Lightning Source LLC
LaVergne TN
LVHW021733080426
835510LV00010B/1230